껍딱과 발깡

박형동 시선집

개나리는
잎이 나오기도 전에
금빛 꽃을 먼저 피웠습니다

나는
당신을 만나기도 전에
얼굴이 먼저 붉어집니다

무성하게 푸르던 날들도 지나갔습니다
옹골지게 맺었던 열매도 떨어졌습니다

그리고 지금은 하얀 눈....

당신에 대한 그리움은
흑백사진이 되었습니다

맑게 흐릅니다
시원하게 흐릅니다

옹기종기 다슬기들이 이끼를 핥고
작은 물고기들이 이리저리 몰려다닙니다

나는 차마 발을 담그지 못하고
바위에 걸터앉아 물소리를 듣다가
푸른 이끼가 낀 바위가 되었습니다

한 송이의 꽃이
어찌 그리 오묘합니까?

찬란한 빛깔과 모양에
황금빛 짙은 향기
왕관인 듯 보석인 듯

고귀한 마음 품위 있는 자태
사랑합니다 당신을

기도로 타오르는 가요?
심지 깊은 뜻을 높이 세우시는 가요?

오가는 사람들 모두
잠시 발걸음을 멈추고 손을 모읍니다

보여줄까요?
깊은 속까지 다 보여줄까요?

동심원들을 동그랗게 그리며
얼마나 견디고 기다려왔는지

쩍쩍 찢어진 가슴에
바래가는 속살까지 다 보여드릴까요?

오메! 다 쏟아놓았네
사랑인가? 서러움인가?
허벅지게도 쏟아놓았네

다 쏟아놓고 맨몸으로 서서
눈보라 몰아치는 시한을 어찌 견디려고
모두 다 쏟아놓았을꼬?

아스팔트 틈새에 뿌리를 내리고
밤이슬로 목을 축이며

실처럼 가는 몸매에
마디마다 작은 꽃들을 달고

바람에 흔들리네
사랑에 흔들리네

나도 맨발로
땅바닥에 박힌
왕관 한번 밟아봤네

우산 살같이 편 정자나무 가지는
훌훌 발가벗고
땅바닥에 비단 이불을 깔았습니다

그대 사박사박 낙엽을 밟으며
맑고 따뜻한 목소리로
나의 시를 읊어주시겠습니까?

우리 무궁화가 비에 젖었습니다
엷은 분홍빛 속 깊어갈수록 붉은
아름다운 우리나라 꽃이 흠뻑 젖었습니다

나라와 백성은 눈물 젖게 하지 말라고
무궁화가 우리 대신 흠뻑 젖었습니다
나도 옆에 서서 함께 비를 맞고 싶습니다

우산을 쓰고 연못가에 서서
빗방울을 맞는 연잎을 바라봅니다

마음은 신을 벗고 들어가서
물에 뜬 연잎을 가려주고 싶습니다

당신이 내게 다가올 때까지

꽃대처럼 해맑게
꽃처럼 빨갛게
화려한 왕관처럼 환하게

나를 향해 웃어주던 당신

세월은 그렇게 흘러 사랑은
그렇게 흘러
지금은 가슴 아픈 이야기가 되었습니다

하늘에도 바람이
강변에도 바람이

구름은 그림을 그리고
억새꽃은 춤을 춥니다

아 벌써 가을이 왔군요
그대 생각 깊어지라고

아이야 귀여운 아이야
파란 날개옷을 입고 날아라

나풀나풀 가볍게

강을 건너고 산을 넘어
푸른 하늘을 훨훨 날아라

작가의 말

흔한 것
하찮은 것
버려지는 것
아무도 돌아보지 않는 것
그런 것들이 얼마나 소중한 것인지를 깨우치는 것
거기서부터 출발했다.

시를 쓴다는 것은
그런 것들을 사랑하는 일이었다.

같은 것을 다르게 보고
다른 사람과 다르게 생각하고
다른 사람과 다르게 그려내는 것이 얼마나 어려운지
그것 때문에 수없이 절망하곤 했다.

그래도 그 길이 좋아
사랑하는 것이 너무 좋아
시와 함께 금빛으로 물들어간다.

2025. 11. 끝자락에

들뫼 박형동

님께

차례

23　**제1부 요양원 가는 길**

24　요양원 가는 길(2) 빗물
25　요양원 가는 길(3) 넝쿨장미
26　요양원 가는 길(4) 개복숭아
27　요양원 가는 길(5) 접시꽃
28　요양원 가는 길(6) 삐비꽃
29　요양원 가는 길(7) 수레국화
30　요양원 가는 길(8) 목련
31　요양원 가는 길(9) 무궁화
32　요양원 가는 길(10) 민들레꽃
33　요양원 가는 길(11) 돈과 아내
34　요양원 가는 길(12) 낮달맞이꽃
35　참 좋은 날
36　외박
37　엄마의 치매
38　위생대
39　신호등 앞에서
40　아내의 뒷모습(2)
41　아내의 손
42　미움과 함께 살아가며

43 **제2부 엄마 찾아 80년**

44 엄마 찾아 80년

45 그 산모탱이를 돌며

47 모퉁이

48 통곡

49 좌판 앞에서

50 허수아비

51 아버지

53 손녀 옆에서

54 우리 집(2)

55 하나님의 얼굴

56 우리 하나님은(1)

57 우리 하나님은(2)

59 바위옷(1)

60 바위옷(2)

61 바위옷(3)

62 참 이상하신 분

63 **제3부 잊혀져 가는 이름들**

64 잊는다는 것

65 그냥

66 핸드폰

67 아름다운 사람 하나

68 이별(6)

69 이별(7)

70 달밤(1)

71 달밤(2)
72 비 오는 날이면
73 염색박물관에서
74 그림자를 밟으면
75 말과 커피
76 독거노인
77 슬픔의 빛깔
78 너와 나
79 누런 흑백사진
80 내버려 두세요
81 우체통을 바라보며
82 '시민의 숲'으로 오게
84 옛날옛날 우리 동네는

85 **제4부 풀꽃과 벌레들의 이야기**
86 길바닥의 풀꽃이 내게 말했다
87 길바닥의 풀꽃이 내게 물었다
89 보아라 저 풀꽃을
90 아침 이슬
91 풀벌레의 사랑
92 풀잎 노래
93 밤에 피는 꽃
94 창포꽃
95 바람 앞에 선 바람꽃
96 처마 밑의 거미집
97 끊어진 거미줄

98 소금쟁이
99 쇠똥구리
100 하루살이(1)
101 하루살이(2)
102 반달가슴곰
103 거미의 집에서
104 수초의 노래
105 잡초의 땅

107 **제5부 껍딱과 알깡**
108 그림(1)
109 그림(2)
110 한 송이 꽃을 피우기 위해
111 '벌써'와 '아직도'
112 나의 싸움
113 집
114 거지를 위한 서시(1)
115 가장 아름다운 꽃
116 어떤 수묵화(1)
117 이사
118 바람
119 모래시계
122 숨바꼭질
124 물 속 걷기
125 뿌리 찬가
127 고슴도치

129 축령산에 가면
130 지렁이가 지나간 자국
131 부자 정례 씨

133 **제6부 틈 속에서 사는 법**
134 내 마음의 텃밭
135 '따지기'에게
136 징검다리(2)
138 바보의 노래(1)
139 바보의 노래(2)
140 책방 주인
141 사람이 책이라는데
142 만우절엔
143 이 또한
144 소원
145 쟁기질
146 아직 내게 남아 있는 것
147 반려 개 이야기
148 걸어간다는 것은
149 종이접기(1)
150 종이접기(3)
151 밑줄 긋기
152 사소한 것에 대한 서시
153 거시기

제1부

요양원 가는 길

아내여, 착한 아내여
한 번이라도 모질었더라면
한 번이라도 속 시원히 퍼부었더라면
이리도 가슴 아프고 미안하지 않았을 것을

하루 하루 이별할 때마다
가지 마
이삭아빠 가지 마

당신을 두고 요양원에서 홀로 돌아오는 길
창밖은 저리 밝은데
차 속은 언제나 비
뜨거운 빗줄기가 흘러내립니다

미안해
이삭엄마 미안해

요양원 가는 길(2)
-빗물-

건조주의보가 내린 봄의 가문 날에도
동복호의 저수율이 몇십 년 만에 20퍼센트를 밑돌고
비가 내린다는 일기예보가 애를 태우던 날에도
그 길엔 소리 없이 비가 내렸다

뙤약볕이 쨍쨍 내리쬐는 속에서도
그곳에 다녀오는 길엔
어김없이 비가 내렸다

흘러내리는 빗물은
그칠 줄 몰랐다
눈이 쓰리도록 비가 내렸다

요양원 가는 길(3)
-넝쿨장미-

빨갛게 피었습니다
담 너머 길갓으로

무엇이 보고 싶어
누가 보고 싶어
모가지를 늘어뜨리고 내다보는 것일까요

내다보다가 떨어집니다
순한 바람결에도 길바닥으로
빨간 연지 볼은 뒤집히며 떨어집니다

넝쿨이 뻗은들 어디까지 이어가며
가시가 있은들 무엇을 지킬 수 있을까요

당신을 두고 돌아오는 길에
긴 담장 너머로 넝쿨장미 꽃잎이
빨갛게 빨갛게 떨어지고 있습니다

요양원 가는 길(4)
-개복숭아-

대밭의 개복숭아 나무 한 그루
길가로 휘어져 작은 몽돌 같은 열매들이
송알송알 맺혔습니다

날마다 커지는 알알이
큰 놈은 제법 붉은 빛도 띠기 시작했습니다

그 아래 차를 세워놓고 내리다가
길바닥에 떨어진
풋복숭아들을 보았습니다

먹지도 못할 그 복숭아들을 곱게 주워
당신에게 갑니다

올해도 복숭아들이 익어가고 있다고
올해도 세월은 이렇게 흘러가고 있다고
나도 당신도 이렇게 살아가고 있다고

요양원 가는 길(5)
-접시꽃-

당신에게 가는 길가의 모퉁잇집엔
울타리인 듯
푸른 키다리들이 줄지어 서 있습니다
마디마디에 몽울 같은 꽃송이를 달고
밑둥부터 하얀 접시를 펴고 있습니다

마디마디에 창백한 당신의 얼굴이
서글프게 웃고 있습니다
서글프게 울고 있습니다

당신에게 가는 길엔 웃고
돌아가는 길엔 울고 있습니다

그렇게 아랫도리에선 접시꽃 하나 지고
윗도리에선 접시꽃 하나 피어났습니다

요양원 가는 길(6)
-삐비꽃-

당신에게 가는 길
언덕 아래 멈춰서서
하얀 삐비꽃 한 줌을 뽑았습니다

고운 빛깔도
멋진 모양새도 없는 삐비꽃

어느 해 당신의 고향 언덕에서 뽑던 삐비꽃
그 꽃으로 관을 만들어 당신의 머리에 씌우고
공주님을 뵙는 양 예를 취하던 날
세상에서 가장 아름답던 당신의 얼굴

그 삐비꽃을 뽑아들고
당신에게 갑니다

이제는 눈물꽃이 된
삐비꽃 한 줌을

요양원 가는 길(7)
-수레국화-

수레바퀴가 지나간 길가에
없는 듯 피어 있는 꽃

몸은 여위고 말라
입술마저 파래진 꽃

자전거 바퀴 바람에도 흔들리고
지빠귀 새의 날갯짓에도 흔들리며
풀섶에 숨어 우는 꽃이여
서러워서 우는 꽃이여

가는 길에 삼키고
오는 길에 삼키고
오늘도 나는 네 곁을 스치며
쑥꾹새 울음을 삼키는 꽃이여

요양원 가는 길(8)
-목련-

네가 털옷을 벗고
뽀얀 속살을 드러내던 날
떠났다

너의 우윳빛 꽃잎이 벌어지던 날
떠났다

바람은 아직 차가웠고
햇살은 아직 데워지지 못했던 그날
떠나보냈다

생이별이 이렇게 힘든 것인지
사별보다 더 힘든 것인지

일어서지도 돌아눕지도 못하는 사람을
기저귀에 배설하는 사람을
낯선 사람들에게 맡겨놓고
돌아서야 했다

네가 찬란하게 피어나던 날
그런 날에

요양원 가는 길(9)
-무궁화-

가는 길에 한 송이 피고
오는 길에 또 한 송이 피고

가는 길에 한 송이 지고
오는 길에 또 한 송이 지고

길가에서 피고 지는 저 무궁화
그 길가를 오가며 흐르는 눈물

날마다 피고 지고
오가며 흐르고 닦고

무궁화는 눈물이더라
무궁화는 당신이더라

요양원 가는 길(10)
-민들레꽃-

우리 아파트 공터에
해마다 피던
하얀 민들레꽃

어느새 당신을 따라 날아와
요양원 정원에 피어났습니다

미처 가꿔지지도 못한 흙밭에
아무렇게나 터를 잡고 피어난
당신

하얀
민들레꽃

요양원 가는 길(11)
-돈과 아내-

구겨졌다고 버리나요
더러워졌다고 버리나요
찢어졌다고 버리나요

그 자체가 전부인 것을
그 자체가 사랑인 것을

거기 써 있잖아요
얼마나 소중한 것인지

그것은
아픔입니다 눈물입니다 감사입니다 사랑입니다
전부입니다

당신의 구겨진 몸을 어루만지는
천사들의 손이 아름답습니다

요양원 가는 길(12)
-낮달맞이꽃-

창백한 얼굴에
분홍빛 분을 바르고
하루 종일 기다립니다

구름이 가려 못 보고
햇살이 밝아 못 보고
기다리다 지쳐서
풀섶에 기대었습니다

나는 타고 올라갈 나무도 없어
풀밭에 주저앉은 앉은뱅이 꽃

기다리고 기다리다가
희미한 당신의 반쪽 얼굴이 그리워 웁니다
밤새 얼굴을 감싸고 웁니다

참 좋은 날

아침부터 장맛비가 내리네
추적추적 온종일 내리네
눈물이 빗물에 씻겨서 좋겠네

방울방울 유리창엔 빗물이
방울방울 눈썹엔 눈물이
그대 얼굴 제대로 보지 못하네

그래도 참 좋은 날
1년 365일 비만 왔으면 좋겠네
마음껏 울 수 있어서 좋겠네

외박

나는 죄인입니다
아무도 씻어 줄 수 없는 죄
아무도 용서해 줄 수 없는 죄
내게는 쥐어뜯으려 해도
쥐어뜯을 가슴이 없습니다

나는 죄인이라서 가장 나쁜 죄인이라서
아무도 없는 집에서 홀로
밤에는 밤대로 낮에는 낮대로
나를 심판하며 속울음을 웁니다

지워지지 않는 모습
사라지지 않는 소리

"죽을 때까지 당신과 함께 살고 싶습니다
우리 집에서 당신과 함께 살고 싶습니다
절대로 요양원엔 돌아가지 않겠습니다"

엄마의 치매

너 보니까 좋다
나도 너무너무 보고 싶었어요
보고 싶으면 뭐해? 돈을 줘야지
돈으로 뭐하시려고?
백일사진 찍어야 해
백일사진? 누구?
네 백일사진
내 백일사진?
응
내 백일사진 못 찍었어?
응

* 셋째 아들의 시

위생대

노인은 며칠마다 우리 마트에 와서
어른용 위생대를 몇 통씩 사 가곤 했다
나의 계산대에 와선
언제나 고맙다는 인사를 남기고
조심조심 가게를 나갔다

오늘은 달리 어두운 표정에
더듬더듬 카드를 내밀었다
노인의 주름진 손이
눈가를 얼핏 스쳐 가고
그 손가락 사이로 물빛이 어렸다

"할아버지 어디 아프세요?"
"아니, 그냥 맘이 안 좋아서…
짠해서…"

얼마 전까지 할머니의 손을 잡고 오시곤 하던
노인의 발걸음이 휘청거리고 있었다
영수증을 뽑아주고 난 내 손등에도
어느새 따뜻한 물기가 번지고 있었다

"할아버지, 그래도 오래오래 사세요"

신호등 앞에서

아래로 피를 쏟으면서도
저린 손끝으로 새벽 상을 차려주는
당신 곁을 스치며
집을 나선다

때로는 좌회전
때로는 우회전하며
신호등 따라 지나왔는데

가물거리는 촛불처럼
생기 잃은 몸짓으로
혹처럼 뗄 수 없는 아픔을
어찌 예까지 이고 왔을꼬

행여 유턴(U-turn)하여
원점으로 데려다줄 수 있다면 좋으련만
오늘은 왜 자꾸
빨간불 빨간불이 켜지는가

아내의 뒷모습(2)

젊은 날엔
곱게 꾸민 앞모습을 보며
기쁨으로 사랑했고
세월이 많은 나이테를 두르고 간 지금은
균형이 무너진 뒷모습을 보며
아픔으로 사랑한다

이제 구성지게 꾸밀 수 없는
아내의 뒷모습은
화장한 신부의 얼굴에는 없는
거룩한 흔적이다

아내의 등 뒤에서
어깨를 주무르는 손은
용서를 비는
나의 사랑이다
끝까지 견뎌야 하는
아픈 사랑이다

아내의 손

오랜 병으로 시달리던 아내가
새벽녘에 내 이불 속에 들어와 누웠다
한 이불 덮은 것이 너무 오래되어
아내의 손목을 끌어다 배 위에 올려놓고
여위고 거칠어진 손등을 쓸어내렸다

새벽마다 하나님 앞에서 눈물을 닦고
아침마다 예닐곱 개의 도시락을 싸며
예쁜 엽서에 성경말씀을 또박또박 써넣던 손
억울한 일을 당하고서도
결코 남에겐 손가락질을 못 하고
오히려 자기 가슴을 치던 착한 손
차마 회초리 한번 들지 못하고서도
다섯 아이들을 장하게 키워낸 손

그 손을 자꾸 쓸어내렸다
어느새 눈물이 가득 고였다가
두 귓불 아래로 굴러떨어졌다

미움과 함께 살아가며

미워하는 것만큼 소중한 것이 있으랴
미워하는 것만큼 필요한 것이 있으랴

끝까지 손에서 놓을 수 없는 것
끝까지 마음에서 밀어내지 못하는 것
다 놓아주면서도 너만은 보내지 못해
내 영혼이 부둥켜안고 몸살을 앓는 것

그러다가
내 속살이 되어버리고
내 영혼의 골수에 물들어버린 너

미움과 사랑은 하나다
미움의 껍질을 까보면 사랑이 전부다

그래서 나는 오늘도
사랑 한번 만지고 미움 한번 만지며
너와 손잡고 살아야 할 이유를 찾는다

엄마 찾아 80년

어머니의 가슴을 만져보지 못한
사람은
아무리 열심히 살아도
텅 빈 인생을 살아간다

그래서 일흔일곱 살 나는 아직도
안식할 거처를 찾지 못하고
허공을 맴도는 고아다

나의 시는
애타게 어머니를 찾는
옹알이다

엄마 찾아 80년

12살 어린 마르코는
3만 리를 찾아가 엄마를 만났다는데
열다섯 손자들의 할아버지가 된 나는
얼굴도 모르는 엄마를 찾아
80평생이 다하도록 헤맵니다

시월 초이튿날이 오면
긴 밤 무릎을 꿇고 울고
오월 어느 날이 오면
카네이션을 매만지며 다시 울고
힘들고 외로울 때마다
어머니 어머니를 부릅니다

먹지 못한 젖만큼이나
내 영혼은 언제나 목마른데
언제나 안겨볼까요
아내보다 더 아늑한 어머니 품에

그 산모탱이를 돌며

엄니, 오늘도 그 산모탱이를 돌아왔소

그때가 아홉 살 땡가 열 살 땡가
나 혼자 터벅터벅 그 산모탱이를 돌아오는디
어떤 이쁜 아줌이 이쪽으로 오더니
갑자기 나를 보둠고 막 울지 앙컷소?
나는 앙 것도 모르고 맹숭맹숭 서 있는디
그 아줌이
"아가 나다. 내가 니 엄니다 내가 니 엄니여"
험서 엄니가 살아서 돌아오는 상상을 했다요
그날부터 그 생각이 버릇이 되야 부러 각고
지끔도 그 모탱이만 돌면 자꼬 그 생각이 난다요

엄니가 발랑군의 대창에 찔려 돌아가셨을 때
아버지가 엄니 죽인 놈들 싹 다 잡아죽일라다가
어린 자식 복 받고 살게 헌다고
그 사람들 지서에 델꼬 가서 보증 서 각고
다 살려줬다요
아버지가 이집 저집서 동냥젖 얻어 멕여 키우셨지만
나는 아버지 덕에 받을 복 다 받고 잘 살았응께로
짠허게 생각허지는 마씨요

둘만 낳자는 시상에 5남매를 나 각고 잘 키워놨응깨
이 시상에선 한(恨)도 미련도 없는디
나도 나이가 등께 자꼬 엄니 생각만 드요
인자 엄니 곁으로 갈 때가 다 됭 것 같은디
나 엄니한테 갈 때
유언이고 뭣이고 다 씨알디 없고
"엄니~!" 허고 꼭 한 번 불러바야 쓰것소

글고 나 엄니 얼굴도 몰르는디
저 시상에서 엄니 만나면
그때도 엄니가
"내 새끼야 인자 왔냐?"
힘시로 보듬아 주시것지라우?

모퉁이

모퉁이 하나 돌면 또 모퉁이
보이는 건 푸른 소나무 우거진 골 깊은 산
아흔아홉 구비 솔재를 넘어서 간 이모 집
반갑게 맞이하는 이모의 하얀 얼굴에도
엄마의 얼굴은 없었다

비둘깃재를 넘어 개천을 건너고
철길을 가로지른 산모퉁이 들판을 지나
외갓집 가는 삼십 리 길에도
엄마 생각으로 가득 찼지만
외갓집 부엌에도 외할머니 방에도
엄마의 얼굴은 없었다

더 텅 빈 가슴으로 터벅터벅
모퉁이를 돌고 돌아 돌아오는 길엔
어딘가 엄마의 모습을 닮았을 누님이
모퉁이를 돌아 나를 따라오고 있었다

모퉁이를 돌고 도는 것이 인생인지라
남은 모퉁이가 몇 개나 될지 모르지만
아직도 모퉁이 뒤편에서 기다리는 이는 오직 하나
엄마
엄마의 얼굴

통곡(痛哭)

기른 사랑이 낳은 사랑만 못하랴
빈 젖을 물리면서
날마다 밤마다 얼린 사랑이
불은 젖 먹여 달랜 사랑만 못하랴

내 살덩이 사랑하는 것보다
남의 살덩이 사랑함이 어려우리니
낳아 주시는 것은 한 번이요
기르시는 것은 수천의 나날이라

길러주시고 가르쳐주신 사랑
흰 머리칼이 갈바람에 흔들릴 때까지
내 혼 속 깊이 흐르고 흘러
오늘은 뜨거운 눈물로 솟구치는구나

아 그리운 어머니 계신 곳 멀어
아침저녁으로 뵈옵지 못하고
눈이 어둡고 듣지 못한다 하시니
편지도 소용없고 전화도 소용이 없네

당뇨로 고생하시는 어머니
몸소 모시지 못하는 불효를 어찌하리
갓길에 차를 세워놓고 통곡하니
눈앞이 흐리어 더는 갈 수 없구나

좌판 앞에서

좌판에 놓인 찰떡을 보고
목이 메었다

찰떡을 먹지도 않았는데
가슴에 얹혔다

찰떡을 먹고 싶다던 어머니에게
'담에 사드릴게요' 하고 미뤘던 말 때문에

두 발이 떼지 못하는
말뚝이 되었다

허수아비

세월이 바래도록
두 팔 벌리고
들판을 지키는
아버지

가진 것
자식들에게 다 베풀고 나서
허름한 옷에
찢어진 모자

무서리에 젖어
긴 가을밤을 새우고
훠어이 훠어이
시린 손을 휘저으며
자리를 지키는

아버지
아버지
이제는 영악해진 참새마저
깔보는
우리 아버지

아버지

문득 당신이 그리워집니다
힘들고 어려울 때마다
어려운 문제 앞에 설 때마다
당신이 그리워집니다

어디에도 계시지 않지만
어디에도 계시는 분
아무 말씀도 안 하시지만
무언가 말씀해주시는 분
어쩌면 다 알고 계시는 듯
옆에 가까이 계시는 듯

무서워서 다가가지도 못했지만
내가 가장 닮고 싶었던 분이여
가장 존경하였던 우상이여

세상에서 가장 외롭게 사셨기에
나의 외로움을 다 알고 계실 듯
세상살이를 가장 힘들게 하셨기에
나의 고난과 시련을 지켜봐 주실 듯
세상에서 나를 가장 사랑하셨기에
아직도 나를 위해 기도하실 듯

그러나
내겐 언제나 연약한 병자의 모습으로
기억에 남아있는 불쌍하신 이여
세상 누구보다도 담대하고 지혜로웠던
그러나 내 앞에선 쉽게 무너지셨던 이여

늙어갈수록 그리워집니다
외로워질수록 그리워집니다
오도 가도 못 할 절벽 앞에 설 때마다
당신의 손을 잡고 싶습니다

오늘은 당신이 그리워
한바탕 소리 내어 울고 싶습니다
철없는 어린아이가 되어
당신의 하나밖에 없는 외아들이 되어
당신 앞에 악을 쓰며 울고 싶습니다
아버지 나의 아버지여

손녀 옆에서

삐뚤빼뚤 서투른
손녀의 그림을 본다

내 인생 같은

우리 집(2)

떨어진 양말을 깁는
한 뜸 한 뜸마다
정성이 촘촘히 엮어지고
우리들은 가난 속에서
넉넉하게 사는 법을 배웁니다

구겨진 옷을 다리는
자락 자락마다
곧은 마음으로 주름을 잡아
우리들은 어지러운 세상에서
바르게 사는 법을 배웁니다

피곤한 님의 얼굴을 읽는
눈빛 하나하나에
사랑의 위로가 건네지고
우리들은 힘든 세상에서
따뜻하게 사는 법을 배웁니다

작은 것과 큰 것을 재지 않고
진실과 정성의 무게를 뜨며
제각기 고운 마음의 빛깔로
한 무더기 향기로운 꽃밭에서
어울려 사는 법을 배웁니다

하나님의 얼굴

내가 큰 깨달음을 얻은 뒤
일생을 다해 풀어야 할 숙제는
꿈결에서라도 거룩한 주님을 뵈옵는 것

어디선가 들은 듯한 음성
어린 손을 꼬옥 쥐어 준
따스한 손길이 있었는데
아무리 아무리 그려도 그려지지 않는
사모하는 그 모습

이 땅 어디서도 찾을 수 없는
숨바꼭질이었네

세월이 겹겹이 쌓이고
자비롭던 아버지의 두 눈이 감긴 뒤에야
주님 또한 오래도록
내 곁에 머물다 가셨음을 알았네

가장 가까이서 나를 사랑하시며
내 마음 어루만져 키워주신
나의 우상이었던 아버지
나의 사랑 가장 깊이 다다른 그 얼굴이
땅에서 보는 하나님의 얼굴이었네

우리 하나님은(1)

우리 하나님은
색맹이시라지

하늘을 나는 귀여운 새와
숲속 바위틈에서 떨어지는 물방울과
이름조차 없는 작은 들꽃까지
보시기에 좋은 것들

사람들 어울려 살아가는 마을과
외진 골방에서 무릎 꿇고 흘리는
눈물에서 반짝이는 영혼
심히 보시기에 좋은 것들을 다 보시면서

우리의 손에 묻은 핏자국
걸음걸음마다 얼룩진 허물들
미움으로 지새운 날들은 못 보시는
색맹이시라지

나사렛 청년이 쓴 가시면류관이 너무 눈부셔
그 옷자락 뒤에 숨은 죄인들은
못 보신다지

나사렛 그분의 명함만 내밀면
하나님은 하얀 색맹이 되신다지

우리 하나님은(2)

우리 하나님은 지체부자유자시래
온 땅의 사람 사는 모양을 다 보시고
온 땅의 탄식과 신음소리를 다 들으시면서도
나 없이는 한 발짝도 걸을 수 없고
나 없이는 손가락 하나 까딱할 수 없는
지체부자유자시래

우리 하나님은 울보시래
온갖 병자들과 거지들
인생의 뒤안길에서 쓰러져 우는 사람들을 보시고
내 등에 업혀 다가가시고 싶어서
내 손을 빌려 어루만져 주시고 싶어서
날마다 밤마다 소리 없이 우시는
울보시래

우리 하나님은 벙어리시래
'가슴에 피'가 되어 엉킨 사랑
내 입을 빌리지 않고는
한마디도 고백할 수 없는
벙어리시래

사랑에 병이 든 우리 하나님
손도 발도 입도 없는 몸으로
오늘도 내 몸을 빌려 쓰시고 싶어서

오늘도 내 입을 빌려 쓰시고 싶어서
애원하는 눈초리로 나를 바라보시는
불쌍하신 우리 하나님은

바위옷(1)

나는 이름을 갖지 못한
그대의 옷
구름결처럼 물결처럼
무늬 지어 피어나는
그대의 빛깔이올시다

나는 빈 몸으로 피워내는
그대의 꿈
천년만년 주저앉은 채
자기를 잊어버린
그대의 바람꽃이올시다

그대 가슴에 패인 골 사이로
솜털 같은 뿌리를 박고서야
겨우겨우 숨결을 열어가는
잿빛 사랑꽃이올시다

말라버린 눈물로
그대 거친 살갗에
겹겹이 피워내는
눈물 눈물꽃이올시다

바위옷(2)

옷이올시다
그저 옷이올시다
빈 몸을 꽃잎으로 피워
보잘것없는 꽃잎으로 피워
그대 몸을 감싸고픈
옷이올시다

바람이 불어오면
바람꽃으로 피고
구름이 지나가면
구름꽃으로 피고
그대의 빛깔이 되어
그대와 한 몸이고픈
꽃이올시다

그대의 이름으로 피어
한 자락
그대의 옷이고픈
사랑 사랑꽃이올시다

바위옷 (3)

옷이올시다
덕지덕지 기워 입어
그대의 살갗이 훤히 내비치는
누더기 옷이올시다

어여쁜 모양도 없고
고운 색깔도 없이
빛바랜 무늬만 남은
그대의 비늘 같은 옷이올시다

뻗어갈 가지도 없고
피워 낼 꽃과 열매도 없이
날볕 뜨거운 날에는 바짝 마른 몸으로
비 오는 날에는 온통 젖은 몸으로
그대를 감싸고 살아온 세월

본디 내 이름을 잊은 채
오직 당신의 이름으로
당신의 옷으로 불리는
바위옷 바위옷이올시다

참 이상하신 분

그는 단 한 권의 책을 쓴 적이 없으나
모든 도서관에는 그에 대한 책으로 가득하며
그는 한 편의 시를 쓰지 않았으나
수많은 시인들이 그 삶을 찬미하였도다

그는 자기 얼굴을 나타내려 한 적이 없으나
화가들은 혼신을 다해 그 얼굴을 애써 그렸으며
그는 한 소절의 노래도 부른 적이 없으나
이 땅에는 그를 찬양하는 노래가 가득하도다

그는 돈과 권력을 가져본 적이 없었지만
사람들은 그를 만나 문제를 해결하였으며
그는 세상에서 한 번도 소리 내어 웃지 못했으나
절망에 빠졌던 사람들은 그로 인해 춤을 추었도다

그는 어부가 아니었으나
어부들을 불러 사람을 낚게 하였으며
목수가 되어 자기의 머리를 둘 초막도 짓지 못했으나
하늘에 모든 사람들이 함께 살 처소를 마련하였도다

제3부

잊혀져 가는 이름들

외우고 있는 이름보다
잊어버린 이름이 더 많겠지
왼손에 든 열쇠를 찾느라 헤매고
어제 한 약속도 잊을 수 있겠지
늙으면 다 그런 거야

그렇지만
내 아내는
다 잊어도
내 얼굴 내 이름만은 잊지 않더라
그게 사랑이야

잊는다는 것

잊는다는 것은
가슴 은밀한 곳에
소중하게 묻어둔다는 것이다

잠 못 이루는 깊은 밤이나
먼 길을 가다가 지쳐 잠시 쉴 때
자신도 모르게 그 이름을 꺼내
슬며시 만져보는 것이다

잊는다는 것은
은빛 띠로 묶어
가슴의 틈새에 끼워둔다는 말이다

진정 잊는다는 것은
깊이 잠들었을 때도
따뜻한 피가 되어
몸속에서 흐른다는 말이다

그냥

해가 뜨는데 이유가 있나요
꽃이 피는데 이유가 있나요
보고 싶은데 이유가 있나요

개울물이 저절로 흘러가듯이
우리는 그냥 사랑하면서
그렇게 그냥 살아가는 것이 아닌가요

그냥처럼 좋은 이유가 어디 있나요
그냥처럼 절실한 이유가 또 어디 있나요
그냥 보고 싶고 그냥 그리운 것처럼
깊고 깊은 사랑이 어디 있나요

일하다가도 문득문득 그냥 생각나고
말간 빗방울만 맺혀도 그냥 보고 싶고
잠이 오지 않으니까 그냥 그립고...
그리고 지금도 그냥 당신이 그립습니다

핸드폰
-진동-

사랑한다
말하지 못하니

온몸으로 떨어
울 수밖에...

아름다운 사람 하나

저 먼 데
내 곁을 스쳐 간
아름다운 사람 하나 살고 있어
빈 뜨락 울타리에
나팔꽃 한 포기를 심어놓고
붉어지는 저녁노을을 바라봅니다

이별(6)

이별처럼
큰 것이 없구나

초가을 매미처럼
빈 껍데기만 남겨놓고

나의 모든 것이
따라가 버렸구나

이별(7)

나는 빈 허물만 남기고
너 따라가고

너는 빈 허물만 남기고
나 따라오고

껍질만 남은 허물들이
그 빈 허물을 채우지 못해
서로가 그리워 우는 것

달밤(1)

달빛에
개구리울음 따라
끝없이 가는 걸음

아플 만큼 아프고
기다릴 만큼 기다린 뒤
얻은 깨달음은
속가슴으로 스미고

바람이 불어
옷깃을 들추면
부끄러운 맨살처럼
드러나는 그리움

내 안을 다 휘저어
그대를 찾아
또다시 달빛에 개구리울음 따라
끝없이 가는 걸음

달밤(2)

어둠이 깊어지면
달은 창문에 묵화를 친다

댓잎들이 스치며 흔들리도록
바람도 몇 결 그려넣고
노송의 곁가지 끝엔
힘찬 솔잎도 쳤다

바람과 풀벌레소리를 빌려
삶이란 이 그림 같은 것이라고
이 밤과 같은 것이라고 속삭이고 나면
달은 슬며시 묵화를 지운다

내 안에
그 묵화가 번져온다

비 오는 날이면

궂은 비가 축 없이 내리던
그해 여름 어느 날
문설주에 기대어 기도원 뜰을 내다보다가
비 좀 실컷 맞게 업어 달라고 조르던 친구야
자넬 업어 주지 못한 것이 원망스러운데
오늘은 내가 심장병으로
고르지 못한 숨을 헐떡거리며
나를 업어 장대비 후두둑 맞춰 줄
사람을 아쉬워하는구나
고쳐지지 않는 세상을
안타까워하던 친구야
달라진 새 세상에서 다시 만나거든
어깨 서로 기대고 걷다가
비가 오면 업어 줌세
에덴보다 더 좋은 그 동산에서
자네가 한 번 기대고
내가 한 번 기대고
내가 한 번 업어 주고
자네가 한 번 업어 주고
거기서도 오늘같이 비가 내리면

염색박물관에서

나는
하얀 마음을 가지리
그대 내게 스며들어
온몸을 붉게 물들도록

그대의 빛깔로
푸르게도 물들고
노랗게도 물들고

때로는 수레국화의 보랏빛으로
때로는 저녁노을의 황금빛으로

그대의 가슴속 오묘한 빛깔까지
그대의 색깔이 온통 물들게 하리
물들어 그대와 하나가 되리

그림자를 밟으면

그림자를 밟으면
그 속으로 들어갈 수 있으면 좋겠다

날이 밝은 날
내 모습은 다 지우고
네 그림자 속으로 들어가
아무도 몰래 살았으면 좋겠다

말과 커피

너에게 말해버리면 말이지만
가슴에 담아두면
글이 된다

내가 마셔버리면 한 잔의 커피지만
너에게 건네주면
사랑이 된다

독거노인

우리 집엔 식구가 많습니다

지붕 틈에는 벌레가 숨어 살고
처마엔 제비의 겹살림이 요란하고
뒤안엔 거미가 줄을 치고 느긋이 기다립니다

섬돌 밑에는 개미가 바삐 줄을 이어 오가고
사방 울타리엔 알지 못할 곤충이
오붓한 살림을 차리고 살아갑니다

그런데 나는
혼자 살아갑니다

슬픔의 빛깔

소나무 가지에서 쏟아지는 눈을 털어내며
하얀 꽃상여를 타고 가신 아버지는
쌓인 눈에 무릎까지 푹푹 빠지던 날
깊은 산 속에 묻히셨다

할머니가 산으로 가신 날에도
함박눈이 어지러이 흩날렸다

사랑하던 친구가 먼저 떠나가던
그날엔 벚꽃잎이 바람에 휘날렸다
주체하지 못하도록 솟구치는 슬픔은
하얀 일기장에 써서 묻어두었다

젖먹이 때 잃은 어머니에 대한 기억은
70년을 지나 머리카락이 희어지도록
백지처럼 공백으로 남아있지만

오늘처럼 이렇게 날 밝은 날엔
주루룩 눈물이 흐른다
이유도 없이 괜히 눈물이 흐른다
그냥 하얗기 때문에

너와 나

너와 난 달라
다르기 때문에
하나가 된 거야

우린
다르기 때문에 온전해지고
아름다워지는 거야

다르기 때문에
그리워하고
사랑하는 거야

누런 흑백사진

누런 보물 하나 갖고 싶다
테이프 자국이 묻어 있고
모서리가 찢어졌어도 좋은

잘린 오동나무 토막의 눈에서
푸른 새싹이 쑥쑥 돋아나듯
잊혀졌던 일이 새록새록 살아나는

도시로 나갈 때 뜯겨진 우리 집이나
새마을 사업으로 무너뜨린 골목길
눈물로 범벅된 초등학교의 졸업식 같은

어머니 대신 나를 길러주신
할머니의 주름살이 새겨진
그 아늑한 품속 같은

홀로 꺼내 놓고 어루만지며
문풍지 우는 겨울밤을 눈물로 적실
지금은 내게 없는
빛바랜 사진 한 장을

내버려 두세요

내버려 두세요 꽃이 지게
그냥 내버려 두세요 새가 울게
우리는 그동안 사랑하면 되니까
이리저리 흔들리며 살아가면 되니까

가다가 넘어지는 날도 있고
가다가 돌아오는 날이 있어도
그래도 내버려 두세요.
모른 척 내버려 두세요

지나간 뒤에야 깨달음은 오고
떠나간 뒤에야 그리움은 사무치는 것
이별이란 슬프고 쓰라리지만
그래서 인생은 아름답고 행복한 것

내버려 두세요 파도가 치게
그냥 내버려 두세요 낙엽이 지게
날이 저물면 다 집으로 돌아오듯이
떠난 마음들 모두 다 돌아올 테니까
돌아와 뜨거운 눈물로 껴안을 테니까

우체통을 바라보며

네 가슴이 빨갰으면 좋겠다
네 온몸이 온통 빨갰으면 좋겠다

비가 오나 눈보라가 치나
뜨거운 대낮이나 춥고 어두운 밤이나
언제나 빨간 몸으로 서 있었으면 좋겠다

언제나 빈 가슴으로
나를 기다렸으면 좋겠다
언제라도 달려가
그 가슴을 채울 수 있었으면 좋겠다

썼다가 지웠다가 지웠다가 썼다가
사소한 히히덕거림부터
꼬깃꼬깃 접어놓은 속엣말까지
다 네 가슴에 집어넣었으면 좋겠다

네 가슴 저 밑바닥에
통~! 하고 떨어뜨렸으면 좋겠다

'시민의 숲'으로 오게

여보게 친구
속에만 담아둘 수 없는 말이 있거든
'시민의 숲'으로 오게
누군가가 그립고 외로울 때도
시민의 숲으로 오게

봄날엔 하얀 대왕참나무꽃이 뚝뚝 떨어지고
여름날엔 숲속에서 상큼한 바람 불어온다네
나뭇잎들 사이로 비치는 햇살이 부서지고
푸쉬킨의 자작나무숲보다 빽빽한 대왕참나무 가지엔
이따금 뻐꾹새도 날아와 울어댄다네

거기서 신을 벗고 맨발로 걸어보게
발바닥에 밟히는 마른 낙엽을
사각사각 밟으며 천천히 걸어보게
혹 비 온 뒤 땅바닥에 떨어진 잎이
왕관이 되어 화석으로 군데군데 박혔거든
맨발바닥으로 사뿐히 밟으며 걸어보게

말벗이 있거든 함께 나란히 소곤거리고
홀몸이거든 구르는 상수리를 길 밖으로 차 내며
호젓하게 걸어보란 말이세

혹 거기서 날 만나면 그것도 좋지 않겠는가
실은 나도 풀어내고 싶은 이야기가 있거든
아내에게도 아들에게도 못한 이야기들은
누가 들어나 주던가
우리 거기서 만나거든
할 일 없는 사람처럼 천천히 걸어보세나
모든 것을 다 풀어내며 걸어보세나

옛날 옛날 우리 동네는

옛날 옛날에 우리 동네 언덕에는
계수나무 한 그루가 서 있었지

커다란 그 나무의 그림자는
온 동네를 말없이 드리우고
어디선가 은은한 노래가 들려오는 듯
너울 구름이 얼굴을 가리며 지나갔었지

동그란 금빛 우리 동네는
잠 못 드는 그리움에 가슴이 저려
오래오래 간직해온 몽돌 같은 비밀을
품속에서 슬며시 꺼내어 매만지며
시집갈 아가씨가 수를 놓듯
실타래를 풀어 그림을 그리고 있었지

그럴 때면 토끼 한 마리가 절굿대를 들고
밤새 떡방아를 찧고 있었지
모두들 시린 밤 내내 잠 못 이루고 있었지

제4부

풀꽃과 벌레들의 이야기

풀꽃도 꽃이고
바보도 꽃이다

마을도 꽃이고
벌레도 꽃이다

시인도 꽃이고
하늘도 꽃이다

너도 꽃이고
나도 꽃이고

모두가
사연이 깊은 꽃이다

길바닥의 풀꽃이 내게 말했다

길바닥의 풀꽃이 힘없이 걸어가는 내게 말했다
가는 걸음을 멈추고 내 말을 들어보라고
나는 이렇게 맨몸으로 살아가지만
어젯밤도 흔들리며 비바람을 견뎌냈듯이
이렇게 찢겨진 채로 아무렇잖게 지내노라고

내 구둣발에 밟힌 풀꽃이 내게 말했다
나는 한 잎새를 피워도 언제나 푸르다고
나는 한 송이 꽃을 맺어도 향기롭다고
한 알을 영글어도 질긴 생명을 품고 있다고

여리디여린 작은 풀꽃이 길바닥에서 물었다
당신의 생각도 언제나 푸르냐고
당신이 한 일도 언제나 향기롭냐고
당신의 말에도 생명의 씨가 들어있냐고

작은 풀꽃이 귓속말로 내게 말했다
어제도 푸른 잎새 하나 피워냈듯이
오늘도 꽃송이 하나 오롯이 벙글고 있다고
내일은 씨앗 하나 이 땅에 떨굴 거라고
이 팍팍한 길바닥 틈새에 떨궈 놓을 거라고

길바닥의 풀꽃이 내게 물었다.

길바닥에서 작은 풀꽃이 소리 없이 물었다
이렇게 청초한 잎새를 피워본 적이 있냐고
이렇게 오묘한 꽃잎을 피워본 적이 있냐고
사람과 사람이 오가는 사이에서
사랑과 미움이 오가는 사이에서
곤해진 마음들 조약돌처럼 발길에 채일 때
그 길가에 작고 연약한 몸으로 일어서서
이처럼 풋풋한 향기를 풍겨본 적이 있냐고

작은 풀꽃이 웃으며 물었다
금이 간 아스팔트 틈새에 뿌리를 내리고
질기고 억척스럽게 살아가면서도
이처럼 푸른 잎새와 아름다운 꽃을 피워본 적이 있냐고
하루종일 지나가는 사람들에게 짓밟히면서도
이처럼 해맑게 웃어 준 적이 있냐고
무서리에 젖어 떨며 긴 밤을 지새우면서도
이처럼 싱싱한 삶을 살아간 적이 있냐고

팍팍한 아스팔트 인생길에서
아무렇게나 자란 풀꽃이 내게 물었다

돌보아 주는 사람도 없고
지켜보아 주는 사람이 없어도
이렇게 새로운 의미로 다가서 본 적이 있냐고
이렇게 신선한 충격으로 가슴을 뛰게 해본 적이 있냐고
타고난 자리를 탓하지 않고
철 따라 씨앗을 맺고 나서
한 줌 흙으로 돌아가는 삶을 살아본 적이 있냐고

보아라 저 풀꽃을

보아라 저기 보아라 저기
깨진 아스팔트 틈에 난 저 풀꽃을
한 줌도 못 되는 먼지에 뿌리를 뻗고
짓밟히며 피는 작은 저 풀꽃을
불러줄 이름도 없는 저 풀꽃을

우리는 저 풀보다 귀하지 아니하냐
우리는 저 꽃보다 아름답지 아니하냐
넘어지면서 일어서는 아기처럼
어느 것 한 가진들 쉽기만 한 것이 있으랴만
상처와 실패를 겪어야 비로소 강해지는 것

땀을 쏟아도 좋을 땅
눈물을 흘려도 좋을 세상에서
숨겨둔 이야기 못다 한 이야기가
서로의 가슴을 적실 때까지
견디자 견뎌내자

풀꽃처럼 이름도 없는 저 풀꽃처럼
끝내 씨앗을 맺고야 마는 저 풀꽃처럼
더 아름다운 사람꽃으로
더 향기로운 사랑꽃으로

아침이슬

내가 이렇게 맑은 것은
마음이 비어 있기 때문이야
밤새 별빛이 들어왔기 때문이야

이렇게 반짝일 수 있는 것은
마음이 둥글기 때문이야
사방으로 열려 있기 때문이야

내가 이렇게 아름다운 것은
풀잎 위에 자리를 폈기 때문이야
푸른 잎새가 받쳐주고 있기 때문이야

이렇게 풀잎 위에 누워서
바람마저 잠든 긴 밤을 지새우며
동트는 아침을 기다리고 기다렸어

아침햇살이 내 가슴에 들어오면
진주보다 맑게 반짝이는 보석이 되거든
네 맘속에서도 반짝이는 보석이 되거든

풀벌레의 사랑

말이 없어도
가슴 뜨거운 대로
만나면 그냥 이루어지는 사랑
반갑게 마주 보며
온몸을 뒤틀어 소리를 내면
더없이 행복하고

법이 없어도
넉넉히 아름다운 우리 땅에서
서로 어우러져 살아가면서
비바람 즐겨 맞고
밤마다 두 눈 마주 반짝이며
사랑을 주고받고

우린
우린 그렇게 사랑해

풀잎 노래

풀잎이 좋아
풀잎을 감고
풀잎에 누워

구름 속의 아기별과
밤을 새워 숨바꼭질하다가
별나라 왕자가 되는 꿈을 꾸고

풀잎 위로 미끄러지는
말간 이슬방울로
얼굴을 씻고 나서

찌르르 찌르르
흥겹게 목청을 돋구고 나면
아침 햇살에 물드는
풀빛 세상

밤에 피는 꽃

보아주는 이가 없다고 피지 않으면
그것은 꽃이 아니다

밤에 피는 꽃은
그 어여쁨을 별들이 엿보고
그 빛깔을 달빛이 어루만진다

밤은 멀리 있어도 가까워지는 나라
빛깔 없이도 사랑하는 나라
그 나라에서 모든 여인은 꽃으로 핀다

손으로 어루만져 보고
마음으로 보아야 더 아름다운 꽃....

그러고 보면 아름다움이란
눈에 보이지 않는 것이고
빛이란 참
어두운 것이다

창포꽃

아직도 여기 있었구나
50년의 세월이 훌쩍 지나가고
집터는 길바닥으로 변했는데
아직도 너는 여기 있었구나

돌보아 주는 손길도 없이
자투리로 버려진 언덕이나마 지키면서
주인의 혼백을 담은 꽃으로
노랗게 피고 있었구나

바쁜 세상을 사노라 잊고 살아온 고향
밝은 미래를 찾노라 잊고 살아온 탯자리
이제는 쉴 곳을 찾아 돌아온 언덕
그 언덕에서 나를 기다리고 있었구나

피었다가 시들고 다시 피어나면서
푸른 주름치마에 노란 얼굴로
내 어머니가 긴 머리를 감던
오래된 이야기를 지키고 있었구나

한가위 보름달보다
더 밝은 창포꽃 몇 송이

바람 앞에 선 바람꽃

지난 겨울은 유난히 추웠죠
가랑잎을 덮고
온몸을 덜덜 떨며
숨을 죽이고 견디었지요

봄이 오기 전에
이리 와 보세요

바위틈 늙은 나무의 밑둥에
말간 꽃등을 켜고
보랏빛 향기를 풍기며
바람 앞에 서 있을 테니까요

처마 밑의 거미집

나도 집 한 채
너도 집 한 채

살림살이가 가득한 내 집은
채우고 또 채워도 부족하고

허공에 텅 빈 네 집은
숟가락 하나 없어도 넉넉하구나

나도 집 한 채
너도 집 한 채

끊어진 거미줄

몸도 숨기고 지혜도 숨기고
하늘도 모를 계략은 처마 밑에 숨겼건만
무심하게 흐르는 세월엔
헛된 꿈 옛이야기가 되었는가

하늬바람에 반짝이던 빛줄기엔
허연 먼지가 뿌옇게 끼고
끊어져 내린 실마리 끝엔
바짝 마른 파리 한 마리 대롱거리네

세월은 그렇게 흐르고
인생사 푸른 꿈은 그렇게 허물어지는 것
놀랍던 모략은 한 줄기 바람에 허사가 되고
남은 한을 추스릴 사람은 오지 않네

소금쟁이

물에 젖을까 봐
물 위에서 사네

마음을 비우니 허우적거리지 않고
욕심을 비우니 옷깃도 젖지 않네

내 사는 날 동안
소금을 지고서

마음도 물에 띄워놓고
사랑도 물에 띄워놓고

물결도 잠이 든
물 위에서 사네

쇠똥구리

둥글게 뭉쳐야 한단다
잘 굴러갈 수 있도록
둥글게 다듬어야 한단다

세상은 둥근 것이란다
해와 달과 지구와 물방울
그리고
사랑도 둥근 것이란다

이마로 굴리고
앞발로 굴리고
때로는 거꾸로 물구나무서서
뒷발로라도 굴려야 한단다

이렇게 쇠똥을 굴리듯이
서로의 마음 위로 둥글게 굴러가는 것
그것이 아름다움이란다 사랑이란다

하루살이(1)

그래
그건 꿈이었어

안개에 젖고
구름을 만진 거야

솜 같은
구름 위를 걸어간 거야

찬란한 슬픔과
기쁨을 함께 안고

깃털처럼 가벼운 몸으로
하룻길 날갯짓을 한 거야

하루살이(2)

어쩌다 태어난 날에 비가 온다고
온종일 기둥을 붙잡고 울 순 없지 않느냐
어쩌다 태어난 날에 폭풍이 분다고
어두운 틈 속에 숨어 있을 순 없지 않느냐

번개가 치는 순간에도 사랑하고
몰아치는 비바람 속에서도 일해야 한다
너에게는 하루도 긴 일생이듯이
조각달만큼 남은 나의 날들도
사랑하고 감사하기에 충분한 시간
너처럼 춤추며 살아야 한다

너의 하루와 바꿔도 좋을 만큼
부지런한 하루를 살아야 한다
너처럼 춤추며 살아야 한다

반달가슴곰

내 가슴엔 언제나
반달이 떠 있어요
온통 어두운 세상에
하얀 조각달로 떠서
가슴 하나를 밝혀주는

내 가슴엔 언제나
반달이 떠 있어요.
웅크리고 있을 때도
긴 겨울잠을 자고 있을 때도

가슴 한복판 심장엔
이루지 못해서 조각난
채워야 할 반쪽으로 남은
하얀 반달이 떠 있어요
언제나 지지 않는 반달이 떠 있어요

거미의 집에서

바람이 좋아 바람길에 집을 짓고
하늘이 좋아 하늘가에 집을 짓고

바람이 지나가면 바람을 쐬고
비가 내리면 비에 젖으면서
뜨거우면 뜨거운 대로
추우면 추운 대로
빈 몸으로 살아간다네

가진 것은 오직 한 채의 집
드나들 문짝도 없고
눈보라와 땡볕을 가릴 지붕도 없이
한 줄 그물을 방바닥 삼아
가볍게 살아간다네

이부자리 옷가지도
한 끼 차릴 식탁도 없다네
그저 마음을 비우고 살아간다네
기다리며 살아간다네

수초의 노래

모래 자갈밭 속에 뿌리를 박고
날마다 순간마다 몸을 씻는다

한 줌의 욕심을 가져 본 적도 없고
자리다툼 한번 해 본 적도 없이
한 솔기의 작은 바람과
한 결의 물살에도 흔들리며 살아가지만
흔들리는 것은 연약한 몸일 뿐
내 심지는 굽이치는 홍수로도 흔들지 못한다

아름답고 향기로운 것이 없고
꽃 피고 씨 맺어 거둘 것도 없이 가난하지만
부끄러울 것도 없는 아랫도리를 씻으며
하늘을 향해 두 손을 흔들며 산다
당신을 향해 두 손을 흔들며 산다

잡초의 땅

아무도 찾아오지 않아도
나 여기 뿌리가 엉키고
몸 부대끼며 살아온 이 땅
이 터가 좋아

쓸모야 있건 없건
그냥 꽃 피우고
씨 맺어 이 터에 다시 뿌리며
어우러져 살아가면 되니까

맑은 이슬방울마다
아침햇살이 들어와 반짝이고
때때로 산들바람이 불어와
푸른 향기를 날려 보내고

바람을 따라 드러누우면
두 눈 가득 담기는 푸른 하늘
아무렇게나 뿌리 뻗을 한 뼘 터가 있고
작은 씨앗 뿌릴 틈새가 있거든

제5부

껍딱과 알깡

껍데기라고 억지로 벗겨내지 말라
너는 껍데기처럼 누구를 품어 본 적이 있느냐
껍데기처럼 따뜻하게 감싸 준 적이 있느냐

껍데기처럼 필요한 것이 있더냐
껍데기처럼 거룩한 것이 있더냐

어떤 시인은 껍데기는 다 가라고 했다지만
껍데기가 자신을 위해 살아본 적이 있더냐

때가 오면 저절로 벗겨지리니
억지로 벗겨내지 말라
어머니 아버지가 너의 껍데기였듯이
너 또한 껍데기가 되리니

그림(1)

아이는
엄마 눈동자 집 강아지…
중요한 것만 그린다

어른들은 산 들판 풀 돌멩이…
있는 것을 다 그린다

어른들은
바보다

그림(2)

아이는 보고 싶은 것만 그린다
옆에 있는 엄마는
이것저것
쓰잘데기 없는 것까지 그리라 한다

아이는 그림을 그리려 하고
엄마는 사진을 찍으라 한다

몇 송이 꽃을 피우기 위해

늙은 나무는
썩어가는 나무는
부르튼 껍질 사이로
안간힘을 다해
가녀린 순을 내밀었다

그 끝에서
해맑은 아기웃음
두 송이 피어나고 있다

'벌써'와 '아직도'

벌써와 아직도는
오늘도 내 안에서 만났다

벌써는 내가 지나온 거리를 재고
아직도는 내가 가야 할 거리를 잰다
벌써는 반밖에 안 남았다고 말하고
아직도는 반이나 남았다고 말한다

하나는 희망을 말하고
하나는 절망을 말한다
하나는 감사를 말하고
하나는 불평을 말한다

벌써의 편을 들었다가
아직도의 편을 들었다가
나도 내 안에서 싸운다

벌써 여든 살이 가까워졌는데
아직도 나는 나와 싸우고 있다

나의 싸움

나는 결코
너를 이기지 않아야 한다
아무도 이기지 않아야 한다

일부러 지고
억울해도 지고
자존심이 상해도 지고
얼마 되지 않을 것까지 다 빼앗겨도 져야 한다

사는 날이 모두 싸움이기에
삶이 끝나는 날까지 싸우는 것이기에
너에겐 져도 좋다

마지막 눈을 감는 순간
두 눈 가득 따뜻한 눈물을 흘리며
나는 이겼다고
기어이 나를 이겼다고 되뇌이면 된다

짐

겨운 짐을 지고
터벅터벅 걸어
홍수 난 시내를 건너고
가파른 재를 넘어
하늘마을까지 가는 길

지고 가다가 메고 가고
들고 가다가 안고 가면서
때로는 오른쪽으로 기울고
때로는 왼쪽으로 기울며
애써 잡아 온 중심

무게만큼 땀을 흘리고
두 손의 자유마저 앗겼지만
너는 내 동행
너로 하여 힘을 얻었고
걸어야 할 이유를 얻었다

거지를 위한 서시(1)

내가 사는 집
허술하다 하지 말라

내가 먹는 음식
거칠다 하지 말라

온 땅이 내 땅이요
저 하늘이 내 집이요
세상의 모든 것이 내 것이라

나는 바쁠 일도 없고
얽매일 일도 없으니

내가 가는 길에는
금빛 구름도 따라오고
홀로 핀 들꽃도 반기는구나

가장 아름다운 꽃

가장 아름다운 꽃은
봄이 되기도 전에 피는 동백도
얼음을 뚫고 올라와 피는 복수초도 아니다

가장 아름다운 꽃은
온 봄을 가득 채웠다가 한순간 사라지는 벚꽃도
계절의 여왕 오월을 화려하게 꾸며내는 장미도 아니다

가장 아름다운 꽃은
맑은 가을 하늘을 수놓는 코스모스도
된서리에도 향기롭게 피어나는 국화도 아니다

부러진 가지에서 돋아나와
가슴이 시커멓게 썩은 고목에서 돋아나와
몇 송이 안 되는 꽃
호젓한 뒤안길의 고목에서 피어난 꽃이다

황금보다 더 찬란한 저녁노을 같은 꽃
노인의 주름진 손끝에서 피어나는 꽃이다.

어떤 수묵화(1)
-바위옷-

내 몸으로
그림을 그려드릴까요

천년의 숨결과
천년의 침묵과
천년의 고독 위에

당신의 꿈을 그려서
당신에게 입혀드릴까요

당신의 살갗에 피어나는
하얀 꽃이 되어드릴까요

이사

묶었다가 풀었다가
버렸다가 담았다가

몇 날 밤낮을 뒤집어
36평을 25평에 구겨 넣었는데

그 틈에 끼어온
헌 신발짝

집 나간 주인을 따라온
헌 신발짝

바람

산마루 소나무는
태풍에도 끄떡없고

언덕의 삐비풀은
바람 따라 춤추는데

맘에서
이는 바람엔
견딜 장사 없구나

모래시계

이제 내가 사랑하는 것은
봉오리 곱게 벌어지는 꽃송이가 아닙니다
시들어 풀밭에 떨어진 꽃잎입니다

이제 내가 사랑하는 것은
착하고 공부 잘하는 아이가 아닙니다
그 애와 더불어 살아가야 할
상처받은 말썽꾸러기입니다

바람이 불면 흔들리는 것들
낡고 부서져 버려지는 것들
붉은 저녁놀을 등에 지고 돌아가는
늙은 농부입니다

나는 많은 것들을 얻기 위해 애쓰는 동안
소중한 것들을 잃어갔음을 알지 못했습니다
용서할 수 있었던 사람들
맺힌 가슴을 풀어줄 수 있었던 기회들
마음을 비워 그려 낼 수 있었던 경건한 모습 같은
그런 것들을……

초음파 진단기에 비친 내 심장의 모습을 보고서야
쏟아져 내리는 모래알이
얼마 남지 않았음을 알았습니다
내 것인데도
내 심장 내 허파 내 혈관 속을 한 번도 본 적이 없었는데
이제는 여기저기다 진단기를 대고
어두운 내 속
캄캄한 데서 꿈틀거리는 내 속을 들여다보았습니다

나는 이제 사랑해야 함을 알았습니다
병든 사람들 상처받은 사람들
빵 한 조각이 눈물겹도록 고마운 사람들
어디서나 말없이 살아가는 사람들
또 내가 미워하던 사람들까지
모두가 사랑에 목말라 있음을 알았습니다

모래알이 떨어지는 동안 사랑하다
끝이 나면
내 눈동자와 콩팥 어느 것이라도
다 주어야 함을 알았습니다

이제 내가 사랑하는 것은
성공이 아닙니다 부요(富饒)함도 건강도 아닙니다
실패입니다 가난과 아픔입니다
황금의 열쇠가 아니라
내 옷에서 떨어져 나간 헌 단추입니다

쓰다 남은 몽당연필, 몇 장 남은 공책입니다
하찮은 것들인데도 그것들을 챙길 때마다
먼 곳으로 가는 연인의 이름을 부르는 것처럼
눈물이 울컥 치솟았습니다

지친 밤 11시에 상담해 달라던
어떤 청년의 간절한 목소리가 귓가에 울리고
오래 전에 지나쳐버린
금남로 길모퉁이에 쭈그리고 앉아 있던
거지의 썩어가던 무릎과
이웃들의 얼굴이
자꾸만 스쳐 지나갑니다

그리고 별들이 반짝이는 밤하늘이
참 아름답습니다

숨바꼭질

얼굴은 가려도
마음 넉넉한 너는
헛간 안에 숨었지
누더기 기운 옷은 감추어도
두 눈동자 반짝이는 너는
부엌 깊은 나무청에 숨었지

꼭꼭 숨어라 머리카락 보인다
꼭꼭 숨어라 옷자락이 보인다

결코 멀어질 수 없는 우리 사이에서
나는 너를 찾아가는 순례자
광야도 계곡도 아닌
낯익고 정든 집안 구석구석을 찾아
나는 떠났지

기둥 뒤에 헛간 안에
큰 꿈을 감춰두고
꺼내 보일 수 없는 사랑을
장독 안에 묻어두고
나는 떠났지

꼭꼭 숨어라 머리카락 보인다
꼭꼭 숨어라 옷자락이 보인다

숨바꼭질이 숨어버린 세상에서
숨바꼭질하던 친구들이 사라진 세상에서
나의 숨바꼭질은 아직 끝나지 않았다

물속 걷기

오늘도 걷는다 흔들리면서
풀어진 고무줄 같은 물길을 따라
오늘도 걷는다 생각 없이
가다 보면 돌고 돌아오는 이 길을

예수님은 물 위를 걸었다지 몸이 가벼워서
나는 물속을 걷는다 몸이 무거워서
세상을 다 품고 자기를 버리면 가벼워지는데
세상을 품지 못하면서도 나를 버리지 못해 무거워서

세상 근심걱정 끓어오르는 분노
부표처럼 물살에 흔들리면서

앞서갈 필요도 없고
따라잡을 필요도 없어
이기고 짐이 없는 이 물길

물보다 빨리 걸어간다
물이 천천히 따라온다

뿌리 찬가

우린 보지 못했네
단단한 땅 그 어둠 속으로
하얀 실뿌리 부드럽게 내리는 것을

우린 알지 못했네
바위에 막히면 돌아서라도
깊은 곳으로 더 깊은 곳으로 내려갔음을

태풍이 몰아쳐도 끄떡없이 견디고
타는 가뭄에도 잎이 마르지 않은 이유를
우린 알지 못했네

그대 한 뼘 먼저 낮아질 때마다
우린 하늘을 향해 한 뼘씩 더 자랐고
그대 대지의 젖을 쉼 없이 빨아올려
우리의 잎새와 꽃을 피워냈음을

이제 우리는 노래하리
그대 어둠 깊이 묻힘으로
우린 밝고 따사로운 햇살을 받고
그대 숨 막히는 고통으로
우린 산들바람 따라 춤추고 있음을

오 우리는 한 몸이 되어
긴 겨울 눈보라를 함께 이겨내고
푸른 잎새와 빨간 꽃을 번갈아 피워
계절마다 온 땅을 가득 채우리
향기롭고 탐스러운 열매로
넓은 가슴마다 가득 채우리

고슴도치

온몸이 가시로 덮인 나
온몸이 가시로 덮인 당신
가시를 눕혀요
참빗으로 빗은 것처럼 가지런히 눕혀요

작은 자존심
그것이 그리 중요한가요
가장 부드러운 혓바닥에
온몸의 가시처럼 돋아나는 혓바늘
온몸의 가시보다 날카로운 혓바늘

가시를 눕혀요
머릿결처럼 부드럽게 눕혀요
그래야 우리는 사랑을 하고
그래야 우리는 한 몸이 돼요

시도 때도 없이 돋아나는
마음속의 수많은 가시
남을 찔러대면 나는 안 아픈가요
남을 찔러대면 나는 즐거운가요

그 가시가 내 가슴에 박히고
그 가시가 내 영혼에 박힌 채
평생을 아프게 살 건가요

가시를 눕혀요
참빗으로 빗은 것처럼 가지런히 눕혀요
그리고 우리는 사랑을 하고
그리고 우리는 한 몸이 돼요

우리도 그렇게 그냥 사랑을 해요
우리도 그렇게 그냥 한 몸이 돼요

축령산에 가면

노령산 끝자락 축령산에 가면
날마다 어두워지는 줄도 모르고
일생 동안 붉은 산비탈마다 나무를 심고
물지게를 지고 다니며 물을 주던 사람
마을 사람들이 횃불을 들고나와 맞았다는
코끝 찡한 임종국의 기념비가 서 있다

기개 높은 선비들의 글 읽는 소리,
행여나 깨끗한 이름에 티라도 묻힐까
한 글자도 새기지 못한 백비가 서 있고
율도국의 깃발로 나부끼던 평등의 이상은
오늘도 길동샘의 맑은 물로 솟아오른다
돌아서면 굴러 내릴 듯한 산등성이 아래
황룡강 젖자락에 순박한 사람들이 모여
옹기종기 정답게 사는 내 고향 대덕리

비탈진 곳일수록 올곧게 선 나무들
하늘도 보이지 않는 숲속에 들어서면
어느새 때 묻은 세상은 보이지 않고
내 마음에 함초롬히 젖은 이슬방울
시원한 바람이 불어 허리춤을 스치면
나는 돌아갈 줄 모르는 한 그루 나무로 선다

지렁이가 지나간 자국

땅속에 몸을 묻고
썩은 흙을 파먹으며
숨어 살자 하면서도

축 없이 비라도 내려버리는 날이면

살갗이 숨이 막혀
구불구불
발가벗고 치는 몸부림

반듯이 살자 하면서도
삐뚤삐뚤
그려놓은 나의 몸부림

부자 정례 씨

고마워 너무 고마워
오디 네 상자를 들고 찾아갔다

네비도 찾기 어려운 집
머윗대 장아찌를 담던 정례 씨가 뛰어나와
막무가내 집 안으로 이끌었다

저긴 남편 서재고
여긴 내 방인데
이렇게 물건이 잔뜩 쌓인 방에서 글을 씁니다

이리 복잡하다면서도 당당하게 보여주는 주방엔
갓 삶은 머윗대와 양념들이 널려 있었다
김치도 금방 담은 것인데 너무 많고
이것들은 누가 준 것이고 저것들은 딸이 준 것인데
냉장고에 더 넣을 수 없으니 드린다고
비닐봉지에 싸서 여나무 보따리를 손구루마로 옮기다가
집 앞 텃밭에서 상추와 들깻잎 뚝뚝 따서 또 한 보따리를
내 차에 실어준다
가난한 나는 한 보자기를 주고
한 구루마를 받아왔다

정례 씨는 정말 부자다
그 마음엔 항상
줄 것이 너무 많은 부자다

제6부

틈 속에서 사는 법

틈이 있어 숨을 쉬고
틈이 있어 사랑한다

틈을 내주는 것은
보금자리를 펴 주는 것이다

아스팔트 틈 벽돌 틈에서
피어나는 민들레꽃이여
틈의 영광이여

내 마음의 텃밭

내 마음의 텃밭에
심지도 않은 것들이 사네
나도 모르는 사이에 독초가 자라고
시기와 미움의 엉겅퀴가 뻗어오네

아침저녁 기도하는 손으로 뽑아내고
양심의 칼날로 쉴 새 없이 잘라내도
자고 나면 다시 무성해지는 묵정밭

등줄기에 흘러내리는 땀으로 갈아엎고
뜨거운 눈물로 적셔놓은 땅에
돌아서면 돋아나는 불평의 가라지

내 마음의 텃밭에
가꾸지도 않은 것들이 사네.
그림자처럼 나를 따라다니며
나보다 먼저 자리를 잡고 사네

'따지기'에게

이해하려거든 따지지 마라
화평하려거든 따지지 마라
중요한 것일수록 따지지 말고
그냥 보아라

마음이 병들지 않으려거든 따지지 마라
원수를 만들지 않으려거든 따지지 마라
따져서 얻을 수 있은 것은 허망한 계산뿐
거기서 얻은 소득은 쓸모가 없더라

필요한 것은 덮어 주는 것
필요한 것은 참아 주는 것
일보다는 사람의 마음을 얻는 것이더라

세상을 아름답게 만들어 가는 것은
따지고 뜯어고치는 것이 아니라
믿어 주는 것이더라
이해하고 덮어 주는 것이더라

징검다리(2)

밟히거라
모서리가 다 닳도록
더 밟히거라

차가운 물 속
저 밑바닥에 뿌리를 박고
거센 물살에도 흔들리지 말아라
오랜 세월에도 무너지지 말아라

가난한 우리 마을 사람들이
무거운 짐을 지고 기우뚱거리며
이 샛강을 건너가야 하리니

너마저 흔들린다면
너마저 무너져 버린다면
우린 누굴 믿고 머나먼 길을 걸어가랴
우린 누굴 딛고 슬픈 세상을 건너가랴

지친 두 다리로
징검징검 건널 수 있도록
보폭만큼 뚝뚝 떨어져서
네 자리를 지켜라

천근만근 짐을 지고 가는
하찮은 사람들의 발길에 밟힌다는 것이
얼마나 낮아지는 일이고
얼마나 참기 어려운 일이냐만

그래도 밟히거라
물살이 흐르고 세월이 무너져도
말없이 자리를 지키는 그 날까지는
힘겨운 짐꾼들이 뚜벅뚜벅
물살 여울지는 샛강을 건너야 하리니

바보의 노래(1)

바보로 살고 싶어요
바보끼리 살고 싶어요

거짓이 없고
싸움이 없는 세상에서
손해와 이익마저도
계산할 줄 모르는

바보로 살고 싶어요
바보끼리 살고 싶어요

병아리가 아침 햇살을 보듯
강아지가 꼬리를 치듯이
무엇을 보아도 좋아하고
누구를 만나도 헤헤 웃는

바보로 살고 싶어요
바보끼리 살고 싶어요

바보의 노래(2)

똑똑한 사람은 필요 없어요
영리한 사람도 필요 없어요

일등이 소용 없고
꼴등이 부끄럽지 않는 세상에서
그저 열심히 땀 흘려 일하고
적은 대로 나눠 먹는 바보가 좋아요

잘난 사람은 오지 마세요
멋진 사람도 오지 마세요

슬프면 엉엉 울고
기쁘면 덩실덩실 춤추면서
강물 흐르듯
바람 불듯 살아가는

바보가 좋아요
바보끼리가 좋아요

책방 주인

어떤 책 속에는 꿈과 사랑이 들어 있고
어떤 책 속에는 땀과 눈물이 들어 있네

사람은 책을 만들고
책은 사람을 만든다 했으나
책방 주인은 사람이 책이라 하네

가죽과 종이로 된 표지를 보고
책을 평가하지 않고
책값으로 책을 평가하지 않듯이
아무나 책이라 하지 않고
천대받는 사람들 곁에 있는 사람
눈에 안 보이는 사람을 바라보는 사람
그런 사람을 책이라 하네

실패하고 상처받은 사람
가난하고 병든 사람 곁에 있는 사람
곁에서 안아주는 사람
그런 사람을 책이라 하네

사람이 책이라는데

책을 한 권 써야지
따뜻한 눈물이 흐르면서도
환한 웃음꽃이 피는 책을 써야지

내 손자의 동화책
내 손녀의 그림책을 써야지

나의 이야기를 쓰고
나의 얼굴을 그려야지

보고 또 보고
다시 읽고 싶은 이야기
재미있는 책을 써야지

글자로 쓴 책이 아니라
피가 흐르고 땀이 흐르는
살아서 움직이는 책
내 목소리로 들려주고
내 몸짓으로 보여주는 책을 써야지

톨스토이의 소설 같은
셰익스피어의 독백 같은
그리고 내 아버지의 일생 같은
그런 책을 써놓고 가야지

만우절엔

오늘은 마음껏 말해보자
그동안 못했던 말
목구멍까지 치밀어올랐던 말
다시 구겨 넣으며 가슴앓이했던 말을

오늘은 말해도 좋은 날
무슨 말을 해도 웃음으로 받고
웃음으로 넘기니 얼마나 좋으냐

너를 미치도록 미워했다고
너를 미치도록 사랑했다고
후련해지도록 터놓고 말해 보자

오늘은 거짓말을 해도 좋은 날
거짓말이 서툴러서 너무 서툴러서 어색하겠지만
거짓말 속에 참말 하나를 끼워 넣어
외치듯이 말해 보자
끝내 할 수 없었던 말을

너를 미치도록 미워했다고
너를 미치도록 사랑했다고

이 또한

이 또한 지나가리라 하지 마라
이 또한 지나고 나면
무엇이 남는가

오늘이 지나고 나면
주어진 세월 또한 지나가리니
참고 견디는 것만으로는 아깝지 않는가

이 또한 아름다운 것
이 또한 꼭 필요한 것이리니
즐기며 지나가라
뒤로 미루지 말고
지금을 누리며 지나가라

눈물이 비 오듯 그치지 않고
붉은 피가 철철 흐를지라도
지금이 나의 가장 귀한 시간
가장 행복한 시간이 되어야 하리니
이 또한 지나가리라 하지 마라

소원

나의 소원은
딱 하루 옛날로 돌아갔다 오는 거야
내가 내뱉은 한마디
그 한마디 말을 지우고 오는 거야

그 말을 들은 가슴에서
싹싹 지우고 오는 거야

쟁기질

밭은
쟁기로 갈지만

마음은
가시로 간다

아직 내게 남아 있는 것

내 안에 옹이가 생겼어
갈비뼈처럼 살 속 깊이
내 안에 옹이가 박혔어

나무꾼의 도끼 자국에 송진이 흐르고
눈보라에 얼 때마다 나이테를 둘렀어
때론 폭풍에 부러지고
가뭄에 말라 비틀어지면서
그렇게 그렇게 사느라고
가슴팍이 썩어 깊이 패였어

그래도 그 나이테로 버티고
그 옹이로 이를 악물고 버티고 있어
아직도 내게 남아 있는 그 상처로

반려개 이야기

아내와 나 사이엔 양쪽에서 잠글 수 있는 문이 있었다
아들과 나 사이엔 3중 유리 벽이 있었다
우리는 모두가 혼자였다
어느 날 아내가 밉살스런 개를 입양해 왔다
개는 이 방 저 방을 맘대로 드나들었고
모두가 개를 안고 뒹굴거나 산책을 나갔다
맛있는 고기는 개에게 주었고
쉴 새 없이 미용실과 병원엘 안고 갔다
지구는 여전히 태양을 중심으로 돌았지만
우리 집은 개를 중심으로 돌았다

개는 방마다 조그만 행복 조각을 던져주었다
그렇게 해서
가족들은 대개는 개만도 못했지만
어쩌다 개 같은 날도 있었다

걸어간다는 것은

오른발이 강하다고 오른발만 내딛지 마라
깨금발로는 작은 개울 하나도 건너지 못한다
한쪽 발은 내딛고 다른 쪽 발은 내밀며
이쪽저쪽으로 기울어야 한다

어느 발을 내밀까 연구하지도 말고
어떻게 내딛을까 망설이지도 마라
젖을 떼기도 전에 배운
걸음마가 아니더냐

앞을 보고 걸어라
그것이 살아가는 것이다.

종이접기(1)

마음이 어지러울 땐
종이접기를 하자
학도 접고 비행기도 접고
접어서 하늘로 날려 보내자

마음이 무거울 땐
종이접기를 하자
한숨도 접고 눈물도 접고
어여쁜 모양새로 접어보자

분노도 접고 외로움도 접고
때로는 서러운 사랑도 접자
삶이란 마음 접기 나름
마음 비우기 나름이니까

종이접기(3)

접어야 한다
폴더처럼
접으면 잊혀진다

접어야 한다
접으면 오롯이 간직이 되고
접으면 나의 것이 된다

펴야 할 때가 있듯이
접어야 할 때가 있다
모든 것을
다 접어야 할 때도 있다

접어야 비로소 원하는
학도 비행기도 만들어낼 수 있다

밑줄 긋기

너의 인생에 밑줄을 그어라
있을 수 없는 일이 일어나고
가슴이 걸레처럼 찢어지던 날
꿈에라도 기억하기 싫은 장면일수록
지워지지 않는 볼펜으로 밑줄을 그어라

기왕이면 빨간색 파란색으로 긋고
돋보이도록 형광펜으로 칠하라
잣대를 대지 말고
비뚤비뚤한 육필(肉筆)을 따라
네 마음이 흘러간 길을 그어라

발밑이 허망하게 무너지고
남은 깃발이 마저 꺾이던 날
깊은 가슴패기에 진한 밑줄을 그어라
헤쳐 나온 길고 깜깜한 터널에
날 선 조각칼로 밑줄을 새겨라

사소함에 대한 서시

가장 중요한 것은 사소한 것이다
가장 필요한 것은 사소한 것이다
공기처럼 햇살처럼 물처럼 흙처럼
흔하디흔해서
내 곁에 있는지 없는지도 모르는 것이다

사랑은 엄숙한 말이 아니라
사소한 말속에서 싹이 튼다
행복은 젊잖은 말이 아니라
사소한 말속에서 숨어 산다

사소한 말을 주고받을 수 있을 때
너의 얼굴은 나의 달이 되고
너의 이름은 나의 별이 된다

내가 가진 사소한 물건
내 앞에 놓은 사소한 일
내 옆에 있는 사소한 사람

그것이 나의 전부다
내가 살아가는 이유
나의 사랑 나의 행복이다

거시기

말 중에서
거시기처럼 적절한 표현은 없다

가리킴 중에서
거시기처럼 정확한 지칭은 없다

시어(詩語) 중에서
거시기처럼 놀라운 표현은 없다

나의 가슴에도
너의 가슴에도
똑 같은 거시기가
들어 있기 때문이다

박형동 시선집
껍딱과 알깡

인 쇄	2025년 10월 10일
발 행	2025년 10월 15일
지은이	박 형 동
펴낸이	노 남 진
편 집	장 숙 영
펴낸곳	(사)한림문학재단·도서출판 한림
	61488 광주광역시 동구 백서로125번길 11(금동)
	(062)226-1810(代)·3773
	E-mail hanlim1992@kakao.com
	출판등록 제1990-000008호(1990. 9. 14.)

ⓒ 박형동, 2025
값 12,000원
ISBN 978-89-6441-626-6

* 이 책의 판매처 : 교보문고, 예스24, 충장서림

* 이 책은 광주광역시의 김현승 문학상 수상자에게 주어지는
  창작지원금으로 출판하였습니다.